EXPOSITION CHINOISE
'ART ANCIEN ET MODERNE

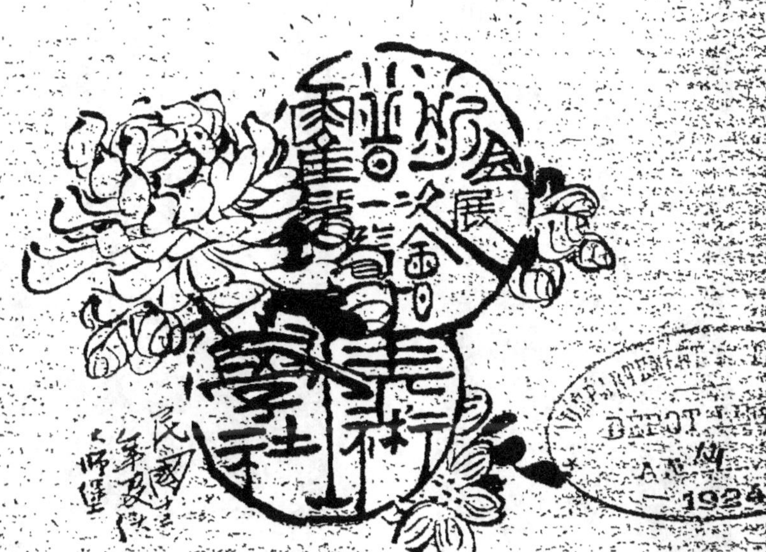

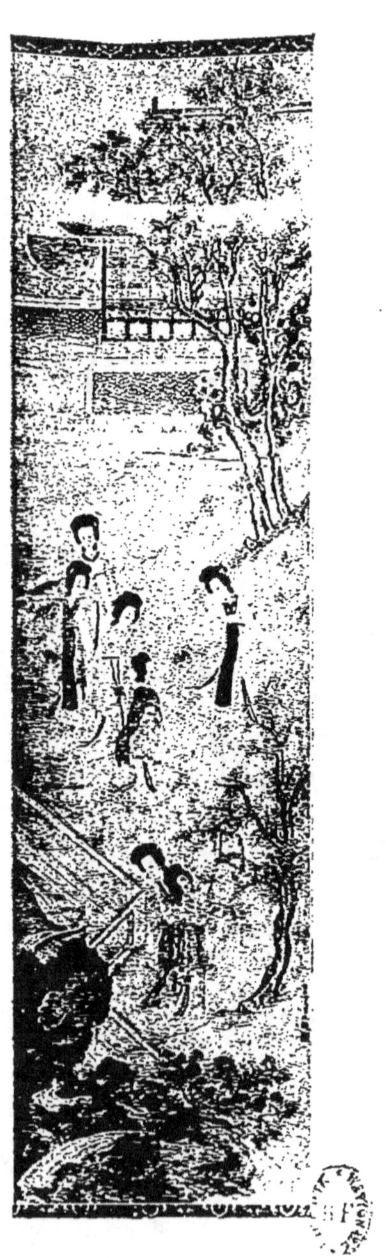

346. Chu-Se Tsu,.
Époque Ming (XVe siècle)

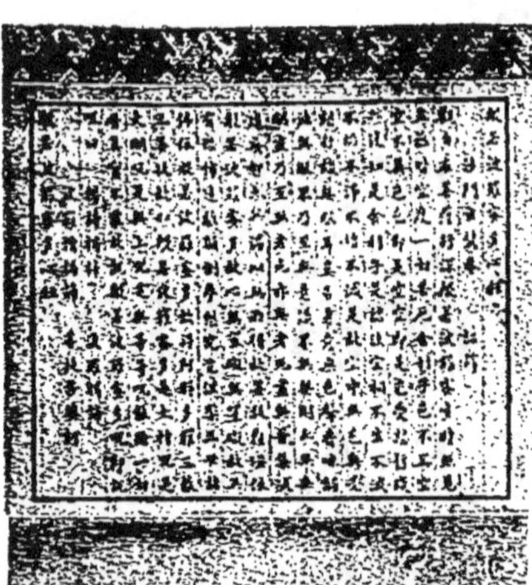

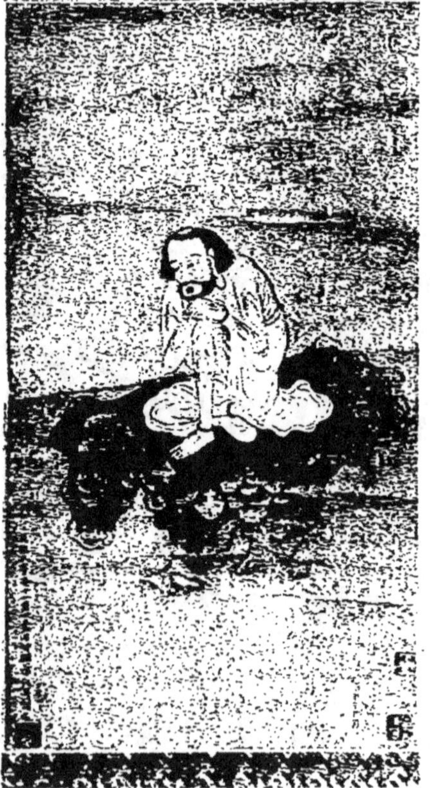

347. Koin Tou-Cheng,
Époque Yen (XIIIe siècle)

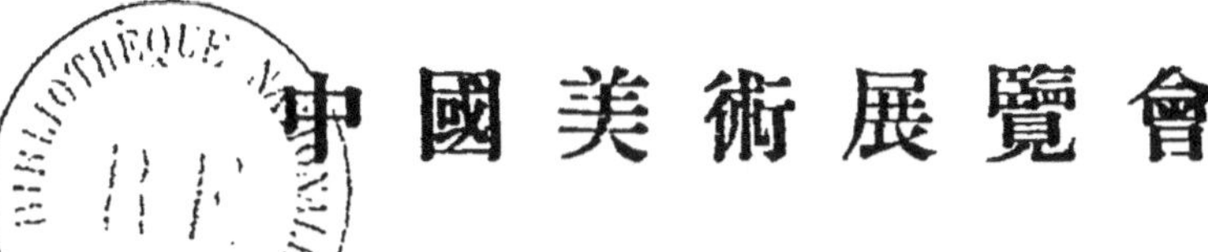

中國美術展覽會

EXPOSITION CHINOISE

D'ART ANCIEN ET MODERNE

ORGANISÉE SOUS LE PATRONAGE

DU COMMISSAIRE GÉNÉRAL DE LA RÉPUBLIQUE
A STRASBOURG

ET

DU MINISTRE PLENIPOTENTIAIRE DE CHINE
EN FRANCE

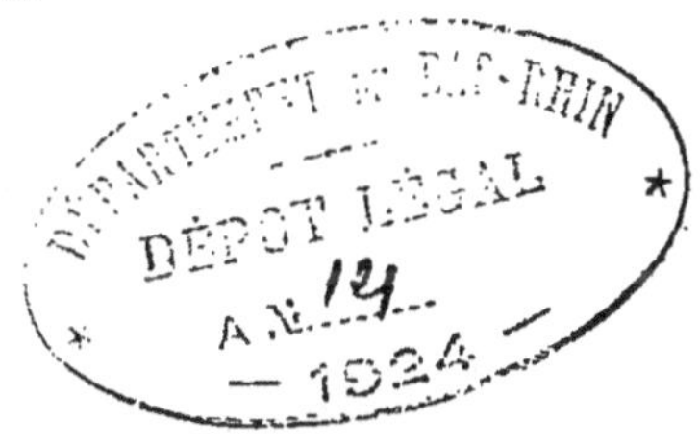

PALAIS DU RHIN
MAI - JUILLET 1924

SOCIÉTÉS PARTICIPANT A L'EXPOSITION :

ASSOCIATION DES ARTISTES CHINOIS EN FRANCE

40, rue de Fontenay, CHATILLON-s.-BAGNEUX

SOCIÉTÉ CHINOISE DES ARTS DÉCORATIFS A PAR

37, rue de l'Amiral Mouchez, PARIS

Le catalogue a été établi par les soins de M. TÉPÉOU LIOU, Secrétaire Général de l'Association des Artistes Chinois en France, qui s'est également chargé de la décoration des salles d'Exposition.

PRÉFACE

求美術品既試驗之，又從而採歐人之所長，以加入中國風，豈非吾國美術家之責任耶？

霍普斯會及美術工學社同人有鑒於此，是以有中國美術展覽會之發起。近者承吾國陳公使之提倡，法國戴氏斯局長之協助，得在斯太司堡開第一次展覽會。最先入選者凡千餘品，具為目錄。其中分別為三類：一、中國固有之美術，此次所陳列者，僅為留歐同人行篋中之所有，勢不能有系統之介紹，然於中國之殊貌，亦可見一斑。二、完全歐風之作品。三、參入歐化之中國美術，此兩類均不外乎留歐同學之作品，雖未足以包中國新藝術之大觀，然中國學者是否有吸取歐化之能力，是否有結合新舊之天才，均可於此見其端緒矣。

元培受該會同人之委託，參與會務，爰述數語於目錄之端，以明斯會之旨趣。

中華民國十三年五月蔡元培

一民族之文化，能常有所貢獻於世界者，必具有兩條件：第一，以固有之文化為基礎；第二，能吸收他民族之文化以為滋養料。此種狀態，凡各種文化事業，均可見其亦然，而尤以美術為顯而易見。吾中國之美術，自四千年以前，已有其基礎；至於今日，尚能保其固有之精神而不失。其間固嘗稍稍受波斯希臘羅馬諸民族之影響；而以二千年前受印度文化之影響為最大。自建築雕塑圖畫音樂以至日用文飾之品，殆無不有一部分參入印度風，而仍葆有中國之特色；故美術益形複雜。至近今數十年，歐洲美術漸漸輸入，其技術與觀念，均足為最良好之參考品，是以國內美術學校，均兼採歐風；而游學歐洲研究美術者，亦日盛一日。

研究美術之留學生，以留法者為較多；是以有霍普斯會與美術工學社之組織。其間傑出之才，非徒摹仿歐人之作而已；亦能為純粹中國風之作品；亦且能於中國風作品中，為參入歐風之試驗。夫歐洲美術參入中國風，自文藝中興以還，日益顯著；而以今日為尤甚。

PRÉFACE

de M. TSAI, ancien Ministre de l'Instruction Publique et des Beaux-Arts, Recteur de l'Université Nationale de Pékin, Commandeur de la Légion d'Honneur, Docteur honoris causa de l'Université de New-York; traduite par M. TSU, correspondant de l'Université Nationale de Pékin, Délégué de la Mission Universitaire Chinoise en France et en Belgique.

Deux conditions sont nécessaires pour qu'une civilisation nationale puisse exister et rayonner sur le monde:

1° La nation doit avoir un fonds de civilisation propre et originale,

2° elle doit s'alimenter aux autres civilisations.

Il est facile de suivre les traces de ces faits fondamentaux à travers la civilisation; ils sont encore plus visibles dans l'histoire de l'art.

L'art chinois existe depuis plus de 4.000 ans; il conserve encore intacte son originalité. Pourtant il a subi de temps à autre l'influence des civilisations persane, grecque, romaine et surtout de la civilisation de l'Inde.

L'architecture, la sculpture, la peinture, la musique, les objets d'ornement et les objets usuels se sont imprégnés partiellement des formes indiennes, mais cette influence n'a pas empêché la Chine de conserver ses qualités caractéristiques. Aussi l'art chinois est-il de plus en plus complexe. Depuis ces dernières années, l'art européen s'introduit graduellement chez nous et nous offre des documents précieux. Nous pouvons désormais mieux comprendre l'art occidental et étudier ses procédés pour observer et représenter la nature.

C'est pour cette raison que les écoles des Beaux-Arts en Chine prennent comme modèle l'art européen, et le nombre des artistes chinois qui viennent en Europe pour étudier les Beaux-Arts augmente de jour en jour.

Le grand nombre des artistes chinois en France a fait naître deux groupements: l'Association des Artistes Chinois en France et la Société Chinoise des Arts décoratifs à Paris. Leurs membres s'inspirent d'une part des chefs-d'œuvres européens, de l'autre continuent à peindre tout à fait à la chinoise; plus souvent encore ils réalisent des compositions mélangées de goût chinois et de goût européen.

Inversement, depuis la Renaissance et surtout de nos jours, la mode chinoise inspire l'art européen. — Cela prouve que la pénétration des deux arts, l'occidental et l'oriental, est nécessaire. Puisque les artistes européens ont déjà essayé avec succès d'ajouter ce qui est beau de la Chine à l'art occidental, n'est-ce pas notre devoir d'essayer d'ajouter ce qui est beau de l'Europe à l'art oriental?

C'est dans cette intention que l'Association des Artistes Chinois et la Société Chinoise des Arts décoratifs ont pris l'initiative d'organiser l'Exposition Chinoise d'Art Ancien et Moderne.

Grâce aux bienveillants concours du Commissaire Général de la République à Strasbourg et du Ministre Plénipotentiaire de Chine à Paris, la première exposition sera ouverte à Strasbourg de mai à juillet 1924.

Nous exposons quelques centaines d'objets; ils sont énumérés dans le présent catalogue et sont répartis en 3 catégories:

1° l'art purement chinois;

(ces objets, appartenant à des particuliers, ont été apportés par eux dans leurs bagages comme souvenirs personnels. Il est évident qu'on ne peut pas présenter l'art chinois ancien sous cette forme d'une manière complète dans un ordre systématique ou chronologique. Ceci est tout juste suffisant pour donner une idée de ce qui peut être beau en Chine.)

2° l'art imité de l'Occident;

3° l'art nouveau créé par les artistes chinois en Europe.

Ces deux dernières catégories, œuvres des artistes chinois, ne peuvent prétendre à présenter l'ensemble du mouvement artistique moderne en Chine. Mais ces fragments permettent de juger si les artistes chinois sont capables d'assimiler la civilisation européenne et assez habiles pour réaliser la synthèse d'arts anciens et modernes.

Etant président d'honneur de cette Exposition, je me joins à eux pour l'organiser et j'écris ces mots en tête de ce catalogue.

Mai, treizième année de la République chinoise.

signé: TSAI YEN-PEI.

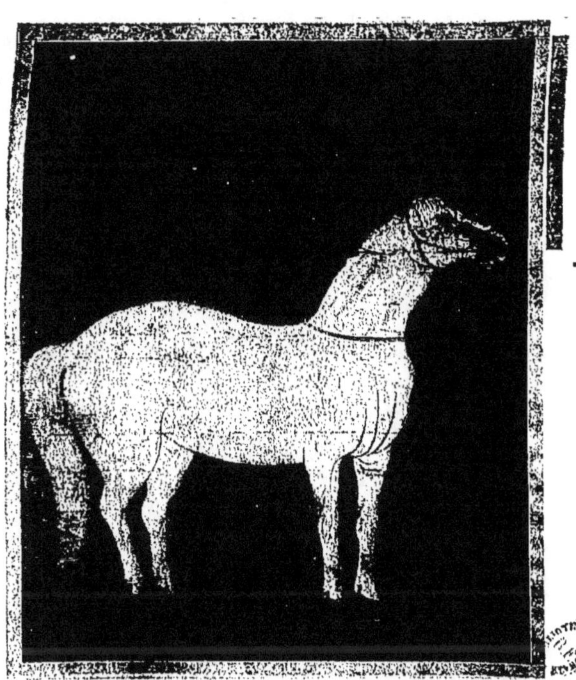

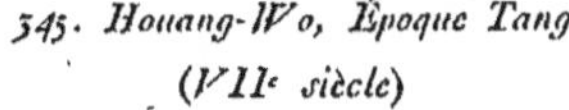

345. Houang-Wo, Époque Tang (VIIe siècle)

350. Che-Lou, Époque Song (XIe siècle)

FON-MING LIN. Né à Canton.

Association des Artistes Chinois en France

Peintures à l'huile:

1. Tâtonnement (inachevé)
2. La mer sanglotante
3. Après la tempête
4. Ivresse de Berlin
5. La Quiétude
6. Les chars d'or
7. La vision fugitive
8. Fête d'Adonis
9. Wannsee
10. Palpitation de cœur
11. Bien loin d'ici
12. Au Pays de Tagore
13. Matin printanier
14. Le Sang

Aquarelles :

15. Vouloir vivre
16. Au clair de Lune
17. Chevaux hennissant au Vent d'automne
18. Oiseaux déplorant leur triste Destinée

19. Les Prophètes
20. Ste-Hélène
21. Les Métamorphoses
22. Lyrisme Antique
23. Notre cœur
24. Quo Vadis
25. L'âge d'or
26. Paradis Artificiel
27. L'Eternité
28. Surhumains
29. Paons blancs
30. Roseaux frémissants
31. Hirondelles du printemps
32. Pluies d'Avril
33. La Nuit
34. Le Rythme de l'Univers
35. Paysage
36. Au crépuscule

YON FOU. Né à Swatow.

Société Chinoise des Arts Décoratifs à Paris

Art décoratif, Aquarelles:

37. Oies sauvages
38. Tigres
39. Ermites
40. Derrière les roseaux
41. A la fenêtre
42 Cascade
43. Cerfs
44. Cigognes

TSOU TA-PO. Né à Canton.

Société Chinoise des Arts Décoratifs à Paris

Aquarelles:

45. Bouddha
46. Paysage sacré
47. Canards sauvages
48. Chimère
49. Nuage flottant
50. Printemps
51. Soir d'Eté
52. Le Repos

LO PING. Né à Shanghai.

Association des Artistes Chinois en France

Peintures sur soie:

53. Printemps pluvieux
54. Idée antique
55. Un cri
56. Les Amoureux
57. Nénuphars

TEPEOU LIOU. Né à Canton.

40, Rue de Fontenay, Chatillon sous Bagneux (Seine)

Aquarelles:

58. L'Impératrice Yang Koui-Fée sortant de son bain
59. Danseuses du Palais Impérial

Peintures à l'huile:

60. Portrait de M. S. T. Shiao. Ami de l'Association des Artistes Chinois en France. (En costume de correspondant de l'Université nationale de Pékin.)
61. Princesse lointaine
62. Orpheline
63. Hirondelle
64. Lin Tay-Yon enterrant des fleurs mortes
65. Trois aveugles
66. Sirènes modernes
67. Le Mal du siècle
68. Les promenades au bord du lac ouest
69. Vision de Bouddhas
70. La Neige
71. Les cheveux au vent
72. La Mort
73. A mon ami Lin Wencent
74. Paris VIe

JU PEON. Né à Hou-Chéing.

8, Avenue de Friedland, Paris

Peintures à l'huile:

75. Portrait de Mme Ju Peon et de l'artiste
76. Le Vent au bain
77. Portrait d'une vieille femme
78. L'Etang

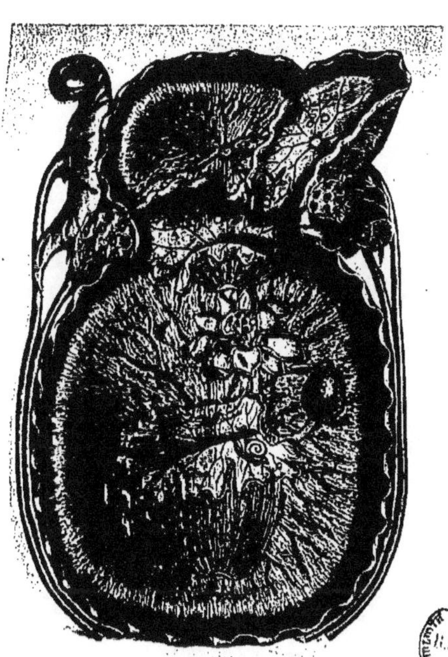

268. *Plateau Impérial de l'Époque Ming*
(XIVe siècle)

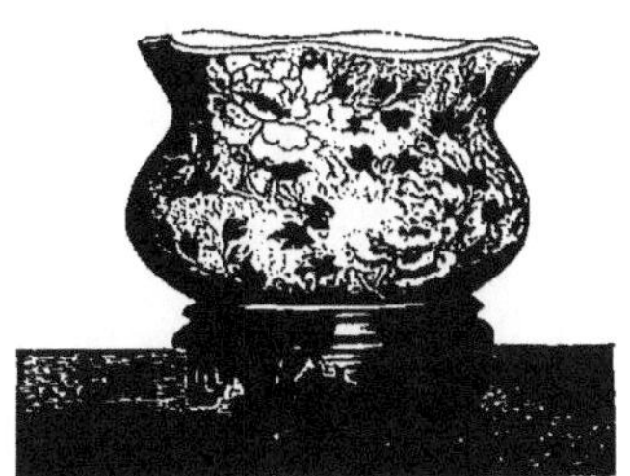

217. *Vase en porcelaine de l'Époque Tching*
(XVIIe siècle)

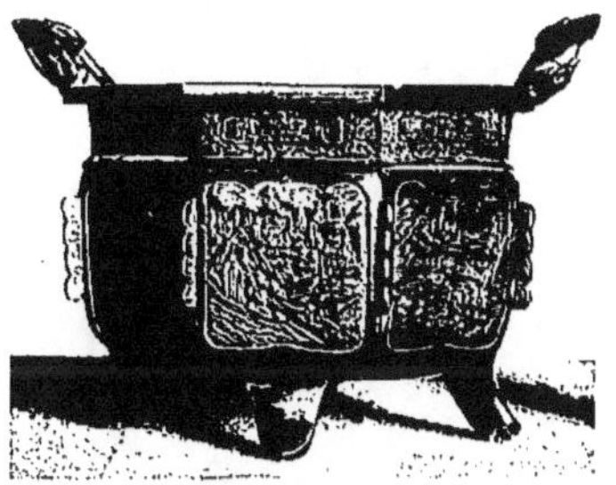

206. *Vase en bronze de l'Époque Ming*
(XIVe siècle)

Art décoratif, aquarelles:

79. Grenouille
80. Oies
81. Coq
82. Hibou

DAITCHE OUANG. Né à Fou-Nan

Société Chinoise des Arts décoratifs à Paris

Aquarelles:

83. Chanteur
84. Oiseau favori
85. Pêches divines
86. Au vent
87. Hérons sous les sapins
88. Poissons d'or
89. Elan

Peintures sur soie:

90. Pivoine rose
91. Pinson
92. Annonciateur du Printemps
93. Yen-You
94. Repos
95. Amis des Bambous

TSEN-Y-LOU. Né à Hou-Nan

Société Chinoise des Arts décoratifs à Paris

Aquarelles:

96. Noblesse
97. Souplesse

CHENG. Né à Pékin.

Société Chinoise des Arts décoratifs à Paris

Peintures sur soie:

98. Déesse traversant la mer
99. Liseuse
100. Porteuse de la Paix
101. Lecture
102. Dieu de la Guerre
103. Distraction
104. A la fenêtre

LI TCHE-DAY. Né à Sé Tchouang.

Société Chinoise des Arts décoratifs à Paris

105. La vie en fleurs
106. Pureté
107. Sainteté
108. Cigogne
109. Deux Merles noirs.

FON-LOU. Né à Kon-Si.

Société Chinoise des Arts décoratifs à Paris

110. Chrysanthèmes
111. Paysage
112. Notre cœur
113. Deux amis
114. Fruits

115. Roses
116. Fruits d'or
117. Ami de la Neige
118. Saules

WON-LIAO. Né à Shanghai.

Société Chinoise des Arts décoratifs à Paris

Aquarelles:

119. La Vie joyeuse
120. Renaissance

Peintures sur soie:

121. Grenouilles nageant sur l'eau
122. Combat de papillons

MAO (Melle). Née à Fou-Nan.

58, rue Beaunier, Paris

Broderie sur soie:

123. Portrait de M. Clemenceau

TSAI-CHIA (Mlle). Née à Fou-Nan.

Société Chinoise des Arts décoratifs à Paris

Broderies sur soie:

124. Chasseur
125. Cerf

TSENG KIO-SION (Mlle). Née à Fou-Nan.

Société Chinoise des Arts décoratifs à Paris

Broderie sur soie:

126. Portrait de M. Clemenceau

ARTISTES INCONNUS

Broderies sur soie modernes

127. Papillons et Cigognes (1re partie)
128. Papillons et Cigognes (2e partie)
129. Pivoines roses
130. Portrait d'un Officier

COLLECTIONS de M. LI

Peintures sur soie de LION-YU, artiste du XIVe siècle:

131. Rossignol
132. Fleurs exotiques
133. Combat des Moineaux
134. Pivoines vermeilles
135. Chrysanthèmes pâles
136. Fragilité
137. Nénuphars
138. Roseaux murmurants
139. Plante

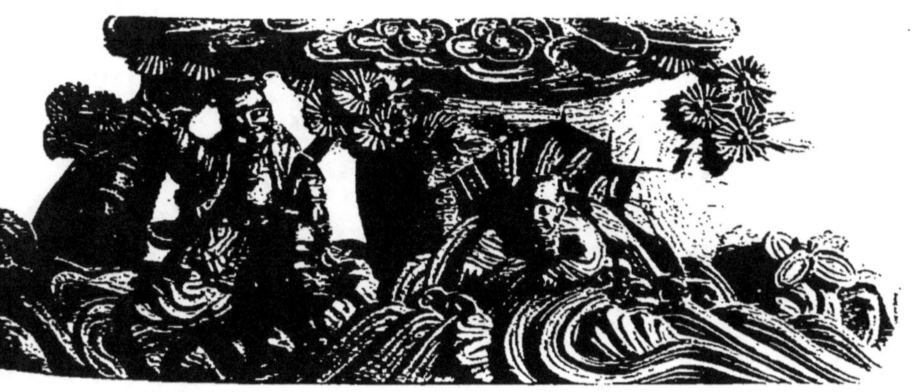

267. *Histoire de Sonmakan, Époque Ming (XVe siècle)*

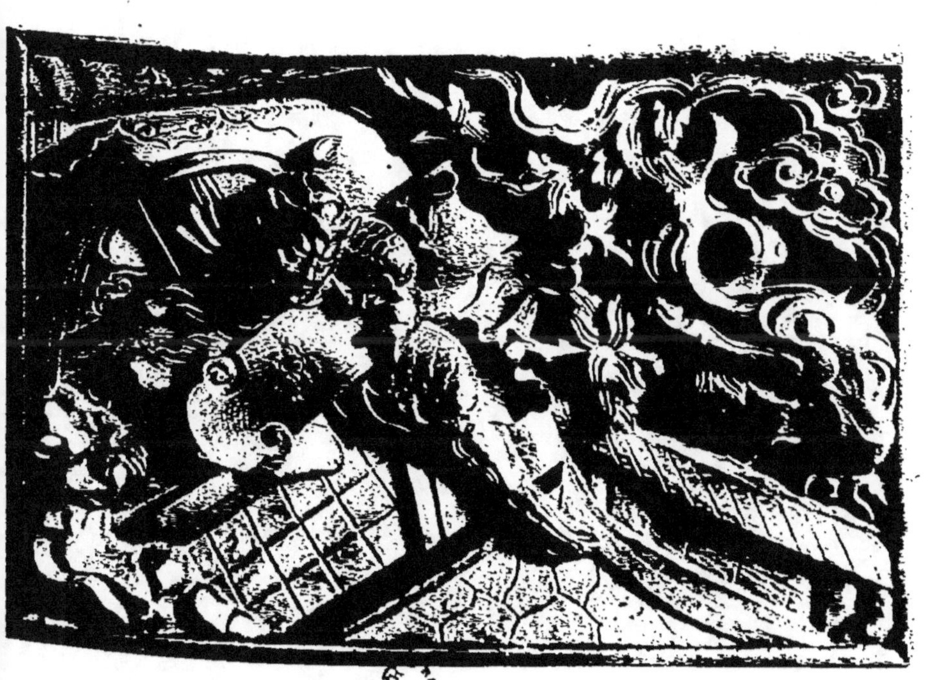

207. *Le Héros Cha-Keuh, Époque Ming (XIVe siècle)*

140. Oiseaux au bec rouge
141. Poulains
142. Martin-Pêcheur
143. Maternité
144. Cascade sonore
145. Jacynthe

Les numéros 131 à 145 ont fait partie des anciennes Collections Impériales de Chine.

ARTISTES INCONNUS

Aquarelles:

146. Retour du Berger, Epoque Song (xe siècle)
147. Papillons voltigeant sur l'herbe, Epoque Ming (xive siècle)

TCHAO TSE OUANG

Artiste de la fin de l'Epoque Song (xiie siècle)

148. Paysage, peinture sur soie

Anciennes Collections Impériales de Chine.

PIEN WEN-TSING

Artiste de l'Epoque Ming (xve siècle)

149. Pour l'anniversaire du Fils du Ciel, peinture sur soie

Anciennes Collections Impériales de Chine.

TCHAO YOUNG

Artiste de l'Epoque Song (xie siècle)

150. Paysage, peinture sur soie

Anciennes Collections Impériales de Chine.

ARTISTES INCONNUS de l'Epoque Tching (XVIIIe siècle)

Peintures sur soie:

151. Cerfs
152. Promenade

TIE SENG

Artiste de l'Epoque Tching (XVIIIe siècle)

153 à 155 Paysages, peintures sur soie.

MOO-SHU. Né à Fou-Nan.

Association des Artistes Chinois en France

Peintures sur soie:

156. La Lune
157. Vol d'oiseau
158. Hirondelles
159. Héros
160. Sur la Neige

SEIWOUA. Né à Nankin.

Association des Artistes Chinois en France

Peintures sur soie:

161. Au Balcon
162. Flâneur
163. Etudiant

164. Diablesse
165. Dragon sortant d'un livre
166. Guerrier au visage rouge
167. Rendez-vous

YAN KIN-FA. Né à Swatow.

Société Chinoise des Arts décoratifs à Paris

Peintures sur soie:

168. Danseuses
169. Méditation
170. Rossignol
171. Dédain
172. Au bord du lac

KAI KONG. Né à Ho-Hang

Association des Artistes Chinois en France

Aquarelles:

173. La vie
174. Pivoine

COLLECTIONS de la SOCIÉTÉ CHINOISE DES ARTS DÉCORATIFS A PARIS

175. Bouddha, sculpture moderne
176. Sculpture sur bambou, moderne
177. Pêcheur, sculpture moderne
178. Lion noir I, sculpture de l'Epoque Tching (XVIIIe siècle)

179. Lion noir II. sculptnre de l'Epoque Tching (XVIIIe siècle)
180. Magicien (ivoire), Epoque Ming (XVe siècle)
181. Vase de l'Epoque Ming (XVe siècle)
182. Encensoir de l'Epoque Ming (XVe siècle)
183. Vase de l'Epoque Ming (XVe siècle)
184. Vase de l'Epoque Song (Xe siècle)
185. Encrier de l'Epoque Tching (XVIIIe siècle)
186. Vase de l'Epoque Tching (XVIIIe siècle)
187. Pot de l'Epoque Ming (XIVe siècle)
188. Vase de l'Epoque Ming (XIVe siècle)
189. Vase de l'Epoque Ming (XIVe siècle)
190. Vase de l'Epoque Tching (XVIIIe siècle)
191. Vase de l'Epoque Song (Xe siècle)
192. Encrier de l'Epoque Ming (XIVe siècle)
193. Vase de l'Epoque Ming (XIVe siècle)
194. Bouddha de l'Epoque Ming (XIVe siècle)
195. Encension de l'Epoque (XVIIIe siècle)
196. Sculpture sur bambou (XVIIIe siècle)
197. Vase hexagonal de l'Epoque Tching (XVIIIe siècle
198. Plat en ébène de l'Epoque Ming (XIVe siècle)
199. Encensoir sculpté de l'Epoque Ming (XIVe siècle)
200. Encensoir sculpté de l'Epoque Ming (XIVe siècle
201. Sculpture sur ébène (XVIIIe siècle)
202. Sculpture de l'Epoque Tching (XVIIIe siècle)
203. Sac en bambou sculpté (XVIIIe siècle)
204. Vase de l'Epoque Ming (XIVe siècle)
205. Vase de l'Epoque Ming (XIVe siècle)
206. Vase de l'Epoque Ming (XIVe siècle)
207. Sculpture sur bois de l'Epoque Ming (XIVe siècle
208. Boîte en bambou sculpté (XVIIIe siècle)
209. Plat en Bambou, moderne
210. Eventail sculpté en bambou, moderne
211. Eventail moderne
212. Eventail moderne

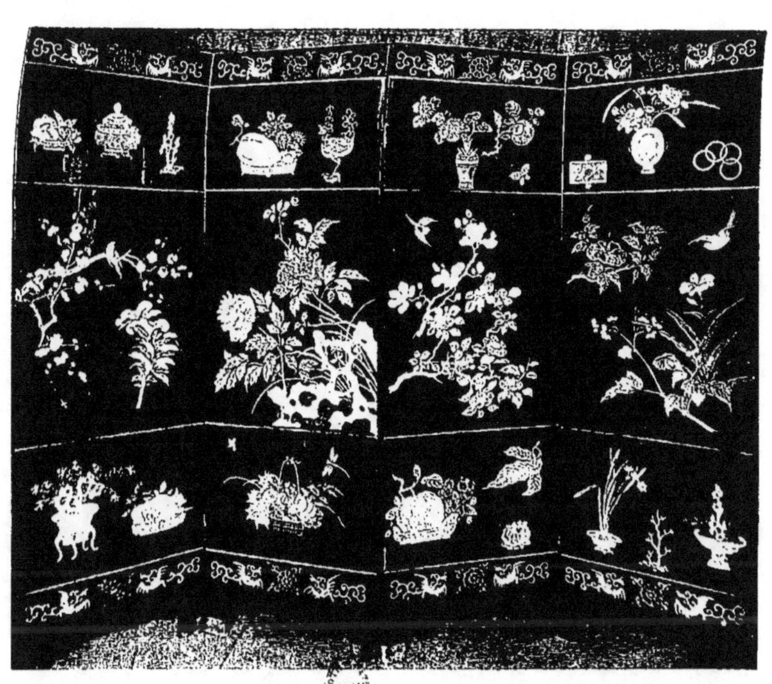

403. *Paravent en laque de coromandel, Époque Ming (XVIe siècle)*

213. Cadre sculpté en bois, moderne
214. Encensoir, moderne
215. Assiette en bronze de l'Epoque Tching (XIVe siècle)
216. Boîte sculptée en bambou, moderne
217. Vase de l'Epoque Tching (XVIIe siècle)
218. Vase de l'Epoque Tching (XVIIe siècle)
219. Vase de l'Epoque Tching (XVIIIe siècle)
220. Vase de l'Epoque Song (Xe siècle)
221. Vase de l'Epoque Song (Xe siècle)
222. Vase de l'Epoque Tching (XVIIe siècle)
223. 4 cachets en pierre fine, modernes
224. Vase en verre, moderne
225. Vase en verre, moderne
226. Plat en verre, moderne
227. Plat en verre, moderne
228. Plat en porcelaine
229. Sculpture sur bois, moderne
230. Vase sculpté en pierre, moderne
231 à 234. Bouddhas, modernes
235. Sculpture, moderne
236-266. Vases sculptés en pierre, modernes
267. Histoire de Sonmakan, bois sculpté, artiste inconnu de l'Epoque Ming (XVe siècle)
268. Bois sculpté en forme de feuille de Nénuphar, l'Epoque Ming (XIVe siècle)

Anciennes Collections Impériales de Chine

269. Broderie sur soie, moderne.

OU TAI. Né à Tché-Kiang.

Association des Artistes Chinois en France

Aquarelles:

270. La Pluie
271. Porteur

TSE WO. Né à Canton.

Association des Artistes Chinois en France

Aquarelles:

272. Dieu
273. Danseuses
274. Deux sœurs

OU-LAN CHIO, Artiste de l'Epoque Tching (XVIIIe siècle)

Peintures sur soie:

275. Ami du Printemps I
276. Ami du Printemps II

LY SOULIAN. Né à Canton

Association des Artistes Chinois en France

Sculptures:

277. Schopenhauer
278. Nietzsche
279. Jeune fille
280. Portrait de M. Tcheng
281. Vieille femme
282. Portrait de femme
283. Muse
284. Masque
285. Penseur
286. Portrait d'homme

ARTISTE INCONNU du xve siècle

287. Le Silence, peinture sur soie
288. Les Roses, peinture sur soie
289/290. Papillons, aquarelles

COLLECTIONS de la SOCIÉTÉ CHINOISE DES ARTS DÉCORATIFS A PARIS

291. Sculpture sur bois
292 à 313. Vases sculptés en pierre, modernes

COLLECTIONS DE M. TAI-OU

Société Chinoise des Arts Décoratifs à Paris

314 à 320. Vases sculptés en pierre

COLLECTIONS DE M. LOO-Y-PING

Société Chinoise des Arts Décoratifs à Paris

321 à 330. Vases sculptés en pierre

COLLECTIONS de la SOCIÉTÉ CHINOISE DES ARTS DÉCORATIFS A PARIS

331 à 333. Assiettes en paille
334. Confucius, sculpté en pierre
335. Notre bonheur. jade vert sculpté
336 à 340. Vases sculptés

COLLECTIONS DE M. TCHENG-YI

Société Chinoise des Arts Décoratifs à Paris

341. Eventail en soie
342. Boîte en bambou
343. Eventail sculpté
344. Vase carré, porcelaine

COLLECTIONS DE M. LOO

34, rue de Taitbout, Paris

Peintures sur soie anciennes:

345. Divin coursier, par Houang-Wo, Époque Tang (VIIe siècle)
346. Les sept Beautés de l'Automne, par Chu-Se Tsu, Epoque Ming (XVe siècle)
347. Bouddha, par Koin Tou-Cheng, Époque Yen (XIIIe siècle)
348. Rossignol, par Tsieng-Sieu, Époque Song (XIe siècle)
349. Portrait de Madame Ly, artiste inconnu de l'Époque Yen (XIIIe siècle)
350. Dieu de la longévité, par Che-Lou, Époque Song (XIe siècle)
351. L'Impératrice Yan-Kong-Fe sortant de son bain, par Leng-Kiy Chen, Epoque Ming (XVe siècle)
352. Koiang, chef d'armée, lisant, par Tsu-Ke-Yu, Époque Song (XIe siècle)

COLLECTIONS de la SOCIÉTÉ CHINOISE DES ARTS DÉCORATIFS A PARIS

353/354. Sculptures anciennes, sur bois (XVe siècle)
355. Bronze laqué moderne

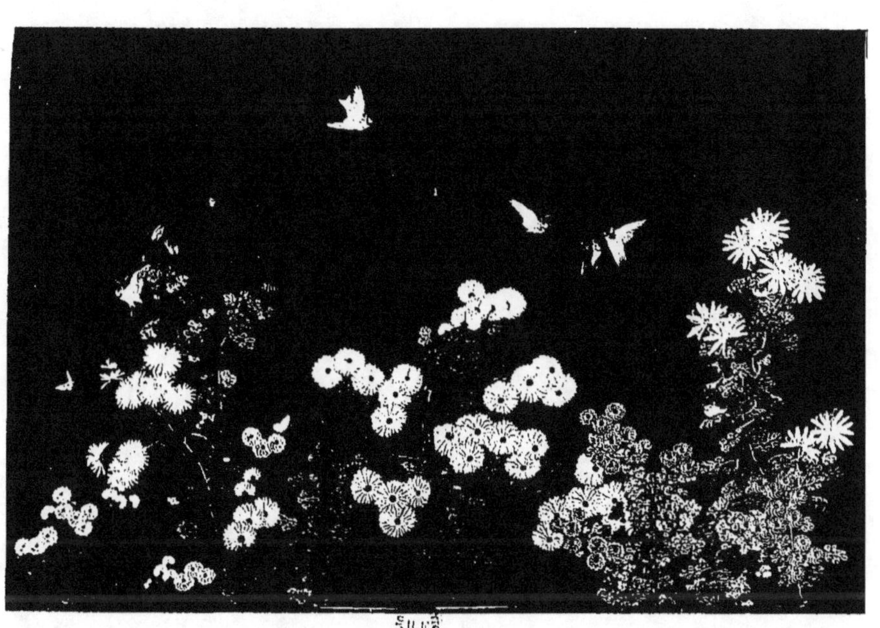

269. *Paravent brodé de l'Époque Tching (XVIIIe siècle)*

356. Vase hexagonal
357 à 362. Ecritures artistiques anciennes et modernes
363. Ecriture de My (XIIe siècle)
364. Ecriture de Wen-Tsen-Ming (XIIe siècle)

Les numéros 363 et 364 ont fait partie des anciennes Collections Impériales de Chine.

LIN-FON-MING. Né à Canton.

Aquarelles:

365. Correspondance
366. Frisson
367. La voix divine
368. Pâleur
369. Lyrisme Oriental
370. Parfum exotique

GOEY FIANO-HONG. Né à Singapore

9, rue de l'ancienne Comédie, Paris

Peintures à l'huile:

371. Portrait de M. Teboo, Consul général de la République Chinoise en France
372. Femme nue

DAITCHE OUANG. Né à Hou-Non.

373. Les fleurs du Printemps, peinture sur soie.

CHEN-SHAN LIOU. Né en Chine

2, rue du Pont de Louche, Montargis (Loiret)

Peintures sur soie;

374. Roses

375. Chrysanthèmes.

COLLECTIONS DE M. TCHANG-FOU

Objets d'art anciens:

376. (A) Jade blanc traces jaunes de la Dynastie de Hou (11e siècle av. J.-C.)

(B) Jade blanc et transparent traces jaunes, le nom se trouve dans l'histoire de costumes et dans la biographie de Wang Men des annales de Han (11e siècle av. J.-C.)

(C) Jade blanc, sans trace, de la Dynastie Han (11e siècle av. J.-C.)

(D) Jade blanc et gris, traces noirâtres, de la Dynastie Han (11e siècle av. J.-C.)

(E) Jade blanc, traces jaunes et noires de la Dynastie Han (11e siècle av. J.-C.)

(F) Os gravé du Hou Nan, de la Dynastie Han (11e siècle av. J.-C.)

Les numéros 376 A à F ont fait partie des anciennes Collections Impériales de Chine.

COLLECTIONS DE M. OU,

10, Impasse de la Laitecée, Angers (M. & L.)

Broderies sur soie par Mlle Tchiou:

377. Merle
378. Phénix
379. Oiseaux au bec rouge
380/381. Ecritures brodées

WANG (Mlle). Née à Moukden.

Institut Franco-Chinois, Lyon

Sculptures modernes

382. Portrait de M. Fang
383. Portrait d'homme
384. Portrait de jeune fille
385. Femme nue

COLLECTIONS DE M. TSU

Foyer Universitaire, Strasbourg

Porcelaines et aquarelles, anciennes et modernes:

386/387. Assiettes de l'Époque Tching (XVIIe siècle)
388. Vase rouge de l'Époque Ming (XVIe siècle)
389/390. Vases carrés, modernes
391/392. Vases de l'Époque Ming (XVIe siècle).
393/394. Vases modernes
395/396. Papillons, aquarelles anciennes (XVIIe siècle)

Objets d'art modernes:

397. Coupe-papier.
398. Eventail brodé et sculpté.
399. Boîte laquée, dorée contenant des tablettes.
400. Bonbonnière en laque dorée.
401. Bonbonnière en laque dorée.
402. Jeu chinois.
403. Ma-jong complet dans une boîte en bois de fer et jade sculpté.
404. Collection de singes en terre cuite.

COLLECTIONS DE M. LOO

34, rue Taitbout, Paris

Art décoratif, laques anciennes et modernes:

405. Paravent en laque de coromandel gravée fleurs et oiseaux, Epoque Ming (XVIe siècle)
406. Boîte en cuir laqué, dessin gravé de l'Epoque Kangshi (XVIIe siècle)
407. Coupes carrées laque jaune, gravées, de l'Epoque Kangshi (XVIIe siècle)
408. Jade ancien sculpté, orné de dragons, de l'Epoque Song (Xe siècle)
409. Animal sculpté de l'Epoque Song (Xe siècle)
410. 3 porte-plumes en jade blanc sculpté de l'Epoque Ming (XVe siècle) provenant des Anciennes Collections Impériales
411. Encriers en forme de Chimères, turquoise sculptée de l'Epoque Kangshi (XVIIe siècle)
412. Mido en turquoise sculptée de l'Epoque Kangshi (XVIIe siècle)

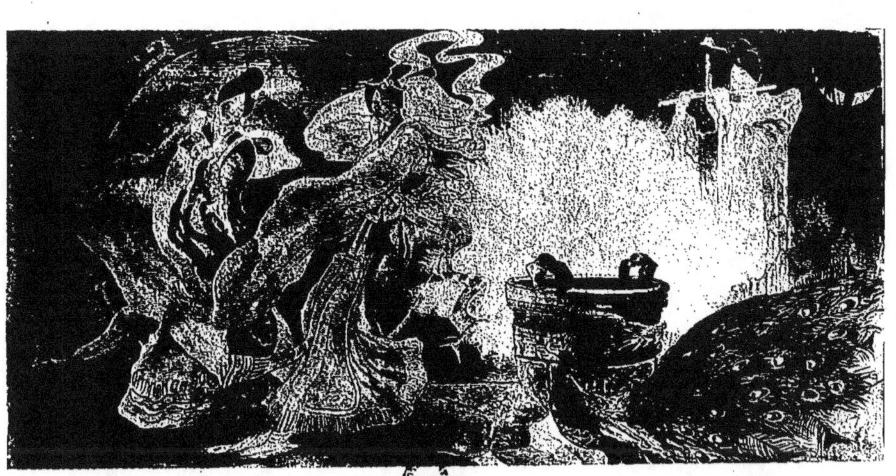

59. *Danseuses du Palais Impérial, par M. Tépéou Liou*

413. Personnage en turquoise sculptée de l'Epoque Kangshi (XVIIe siècle)

414. Vases appliqués de la Famille Rose, Epoque Tching (XVIIe siècle)

COLLECTIONS DE M. SUEN

42, rue de la Loi, Bruxelles

415 à 417. Broderies sur soie modernes

418. Aquarelle

COLLECTIONS DE MAD. LITSÉ

Institut Franco-Chinois, Lyon

Broderies sur soie et objets d'art modernes:

419. Jupe
420. Cache-col
421. Fleurs d'or
422. Broderie pour costume
423. Paysage
424. Sac
425. Boîte à lunette
426. Cachet en ivoire
427. Boîte gravée en bambou

COLLECTIONS DE M. TCHANG YEH

62, rue du Marteau, Bruxelles

428 à 438. L'Histoire du Prince Ka-Poa-Ni, peintures sur soie par Ti-Chai, Epoque Tching (XVIIe siècle)

439. Rossignols, peinture sur rideau de bambou par Nin-Sag, Epoque Tching (XVIIe siècle)

440. Le cheval impérial;
441. Fleurs anciennes, Peintures sur soie par Tcheng, Epoque Tching (XVIIe siècle)

COLLECTIONS DE M. TONYIEN

Société Chinoise des Arts Décoratifs à Paris.

442 à 447. Panneaux de laque sculptée, de l'Epoque Ming (XIVe siècle)

COLLECTIONS DE M. Y. S. LIOU

Institut Franco-Chinois, Lyon

Peintures sur soie et objets d'art de l'époque Ming (XVe *siècle*) :

448. Au clair de lune
449. Ecriture de Hei
450. La vie sacrée
451. Encrier sculpté
452. Pinceau en ivoire

COLLECTIONS DE M. TCHENG-LOU, Ministre Plénipotentiaire

57, rue de Babylone, Paris

453. Paysage sur soie, par Yian Tzin (XVIIe siècle)
454. Ecriture artistique de l'Epoque Tang (VIIe siècle)
455. Jeune fille, par Kieg, Epoque Ming (XIVe siècle)
456. Paysage, par Linchang, EpoqueTching (XVIIIe siecle)

FAN TCHUNPI, Mme. Née à Foukien.

Institut Franco-Chinois, à Lyon

Peintures à l'huile:

457. Portrait de M. T. T.
458. Portrait de M. L.
459. Portrait de Mlle W.
460. Portrait de jeune fille
461. Portrait de Mlle W.
462. Portrait de Mlle S.
463. Paysage
464. L'Institut Franco-Chinois sous la neige
465. L'Institut Franco-Chinois
466. L'Eglise St-Irénée
467. Chrysanthème

468 à 471. Natures mortes

472 à 476. Etudes de nu

COLLECTIONS DE M. TSENG

Institut Franco-Chinois, Lyon

Broderies anciennes:

477 à 479. Costumes de Mandarins de l'Epoque Tching (XVIIe siècle)

480 et 481. Broderie pour Costumes de Mandarines, Epoque Tching (XVIIe siècle)

482, Robe brodée de l'Epoque Tching (XVIIe siècle)

COLLECTIONS DE Melle TCHEN

Association des Artistes Chinois en France

Broderies anciennes :

483. Panneau brodé de l'Epoque Tching (XVIIIe siècle)
484. Robe brodée de l'Epoque Tching (XVIIIe siècle)
485. Panneau brodé de l'Epoque Tching (XVIIIe siècle)

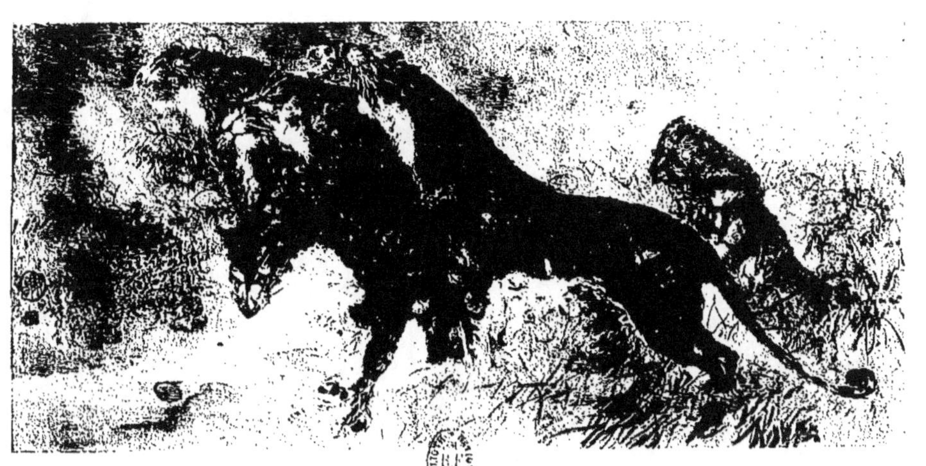

15. „Vouloir vivre", par M. Fon-Ming Lin

Un certain nombre d'objets, arrivés trop tard à Strasbourg, ne figurent pas au catalogue.

Les lanternes Chinoises ornant les salles d'Exposition ont été construites et décorées par M. TSU.

Imprimerie Alsacienne, Strasbourg.

www.ingramcontent.com/pod-product-compliance
Lightning Source LLC
LaVergne TN
LVHW012008160826
845678LV00002B/722

* 9 7 8 2 3 2 9 2 0 4 4 9 9 *